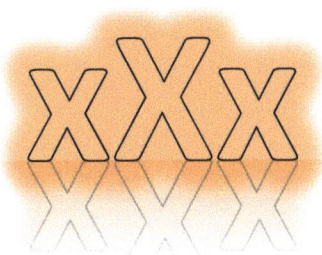

Die lustigsten Titel im Pornogeschäft

von

NicAti

Hinweis

Zwischen den Autoren des Buches und den folgenden aufgeführten Titeln besteht keinerlei Verbindung. Es handelt sich lediglich um eine Sammlung, der unserer Meinung nach lustigsten Titeln an Pornofilmen.

Sämtliche Titel wurden uns über Bekannte und Freunde zugetragen, oder stammen teils aus frei zugänglichen Internetseiten.

A

Akte Wixx

∞

Al Caporno

∞

Alarm im Darm

∞

Alice im Ständerland

∞

Aliens vs. Penetrator

∞

American Fistory XXX

∞

American Fickboxer

∞

Analdin und die wunde Schlampe

∞

Analgeddon

∞

Anal Total

∞

Analstufe Rot

∞

Analritter 2 – Heute wird eingedost

∞

Andere Länder, andere Titten

∞

Animal Farm – Jetzt ficken wir Tiere

∞

Arielle, die Nicht-mehr-Jungfrau

∞

Ass Wide Shut

∞

Auf den Highway sind die Schlampen los

∞

Auf der Liege der außergewöhnlichen Gentlemen

∞

Aufstand in der Lederhose

∞

Aus heiterem Pimmel

∞

Axel Fick und Obel Wichs

∞

B

Bambi im Land der geilen Böcke

∞

Bananenfick in Mosambik

∞

Battlefield Ass

∞

Baffy die Dildojägerin

∞

Beischlafes Bruder

∞

Beverly Hills Cock

∞

Big Mama – Speckfalten in Wallung

∞

Bitch – Der Fickdoktor

∞

Black Cock Down

∞

Blair Bitch Project

∞

Blowing for Columbine

∞

Bonnie in Clyde

∞

Boschwanza

∞

Budapester Bumsorchester

∞

Baffy, die Dildojägerin

∞

Deutschland sucht den Pornstar

∞

Bienenstich im Lesbennest

∞

C

Cockduel

∞

Cocklateral damage

∞

Cockzilla, Ein Riesenschwanz in New York

∞

Chinese Dickstory (1-3)

∞

D

Das Besteigen der Lämmer

∞

Das fickende Klassenzimmer

∞

Das Sexperiment

∞

Das Todessperma des Dr. Mabumsen

∞

Das Wunder im Bernd

∞

Das Lustschloss am Venusberg

∞

Darmstadt – Hier findet der Verkehr im
Darm statt

∞

Der Club der roten Fister

∞

Der Herr der Cockringe

∞

Der große Ficktator

∞

Der Name der Hose

∞

Der Mönch mit der Peitsche

∞

Der Maler mit dem großen Pinsel

∞

Der verzauberte Eichelwald

∞

Der Pimmel über Berlin

∞

Der mit dem Wolf bumst

∞

Der Sexorzist

∞

Deutschland sucht den Superficker

∞

Die Fickinger

∞

Die Prinzessin auf der Eichel

∞

Die Stoßburg

∞

Die Reise zum G-Punkt der Elke

∞

Die Unbesteigbaren von hinten geknallt

∞

Die Vögler

∞

Drei Schwengel für Charlie

∞

Dr. Jekyll in Mrs. Hyde

∞

Dornmöschen

∞

Dune der Brüsteplanet

∞

Dickman Begins

∞

Dickman (1+2)

∞

Dickman & Robin

∞

Domina Day

∞

E

Edward mit den Penishänden

∞

Ein Fuck kommt selten Alleine

∞

Ein Fick am Wörthersee

∞

Einer für alle, alle in eine

∞

Es wird geschluckt was in den Mund kommt

∞

Erektion – Das Vermächtnis der Rachenreiter

∞

Eine für alle, alle in einer

∞

F

Fäkalschlacht am Analschacht

∞

Feucht und Feuchter 2 – jetzt wirds spritzig

∞

Feuchte Schenkel im Cockpit

∞

Fick-Bonbons – Jetzt wirds feucht im Mund

∞

Fickendes Inferno

∞

Ficket Nemo

∞

Ficki und die starken Männer

∞

Fickhof der Muschitiere

∞

Fist Club

∞

Fill Jill

∞

Flesh Gordon

∞

Flucht von Analtraz

∞

Fuck Bill

∞

Frau Wirtin bläst auch ohne Tuba

∞

Fuck me if you can

∞

Fuck off – Im Körper des Feindes

∞

Fummeln im Sturm (1-6)

∞

Fuckzilla

∞

Ficky Mouse – Gay Crazy

∞

Ficki und Fotzi

∞

G

Gaylien – Director's Fuck

∞

Gaywatch, Die Riesenschwänze von Malibu

∞

Graf Porno bläst zum Zapfenstreich

∞

Gay's Anatomy

∞

George und seine Eier im Rachen

∞

H

Harte Spiele

∞

Hairy Popper und der Gefangene von
Arschpackan

∞

Hairy Popper und der Stab der Steifen

∞

Hairy Popper und die Kammer des
Schleckens

∞

Hairy Popper und der Feuerfick

∞

Hairy Popper und der Orgasmus des
Phoenix

∞

Hairy Popper und der Vollblutfick

∞

Heisse Länder – Dauerständer

∞

Helicoptermann 2 – ‚Die Rückkehr des Kreiselfickers'

∞

HELLRASIERT

∞

Herr der Penisringe

∞

Highway to Möpse

∞

Hitchhikers guide to the fucktasy

∞

Hotel Sodom – Analstufe Rot

∞

House of Wixx

∞

Hör mal wer da nagelt

∞

I

I, Fickbot

∞

Ich war jung und brauchte das Geld

∞

Ich weiß wer dich Letzen Sommer gefickt hat

∞

Ich weiß noch immer wer dich letzten Sommer gefickt hat

∞

Ich werde immer wissen wer dich letzten Sommer gefickt hat

∞

In 80 Tagen durch ganz Hinterfeld

∞

In einem Loch vor unserer Zeit

∞

Im Land der RaketenSpermer

∞

Im Wald und auf der Heidi 1-3

∞

Im Wald wird hart geknallt

∞

Im Kloster der 1000 Sünden

∞

Independence Gay

∞

In Diana Jones

∞

Inzestbauern vom Rammlerhof

∞

iPop

∞

J

Jack the Raper

∞

Jane Blond – Casino Anal

∞

Jane Blond – Goldficker

∞

Jane Blond – Der Arsch ist nicht genug

∞

Jane Blond – Der Mann mit dem goldenen Schwanz

∞

Jane Blond – Im Angesicht des Kotes

∞

Jane Blond – Moonshaver

∞

Jane Blond – Der Spion mit dem ich Liebe
machte

∞

Jarhead – Willkommen im Bett

∞

Jeanne d'Arsch

∞

Jetzt bin ich alt und brauch immer noch
Geld

∞

Jurassic Porn

∞

K

Kack ab Baby 2

∞

Kapitän Arsch und seine geilen Piraten

∞

Kaviar zum Frühstück

∞

Kevin allein im Puff

∞

King Dingeling und die blonde Frau

∞

Kompanie Huren 2: Trommelfeuer aus der Sackkanone

∞

König der Mösen

∞

Kuck' mal wer da schluckt!

∞

Kung Fu Fisting

∞

L

Lass die Enkel zwischen die Schenkel

∞

Lawrence von Analien

∞

Liebling, ich habe die Kinder gefickt

∞

Last Penis Standing

∞

M

Mad Maxxx auf Tinas Donnerkuppeln

∞

Mac Geiler

∞

Mann fickt Hund

∞

Maria mag die Lena

∞

Marry Poppins

∞

Mighty Fucks

∞

Mighty Fucks II – Die Superficker kehren
zurück

∞

Moby Fick – Im Arsch des Pottwals

∞

Monstergurken überfallen die Schweiz

∞

Monsters Of Cock – Das Schwanzfestival

∞

N

Nackt Zerhackt und Angekackt

∞

Neues vom Sündenhof

∞

Never fuck alone

∞

O

Oma, fick mich ins Koma

∞

Octopussy

∞

Oma Rose „98" fickgeil und nicht tot zukriegen

∞

One Night in Bangckock

∞

One Night in Paris

∞

One Night in Rüsseldorf

∞

Operation Delta Fick I- III

∞

Oral! Oral! Oral!

∞

P

Penispiraten auf Rektalrandale

∞

Per Anhalter durch den Analfick

∞

Peterchens Wichsfahrt

∞

Petri Geil! Angelurlaub am Analsee

∞

Pipi auf Karl-Heinz

∞

Pipi im Puller-Puller-Land

∞

Pissing in Action

∞

Pulp Fickschön

∞

Popeye, der Puffbesitzer

∞

Porn Wars Periode I – Die dunkelbraune Bedrohung

∞

Porn Wars Periode II – Anschiss der Klokrieger

∞

Porn Wars Periode III – Die Rache der Spermien

∞

Porn Wars Periode IV – Ein neuer Harem

∞

Porn Wars Periode V – Das Spermium
schlägt zurück

∞

Porn Wars Periode VI – Die Rückkehr der
Analritter

∞

Pornstar

∞

Pornomon – Professor Eichel stopft den Rachen

∞

Q

Quasimodo und seine sieben Glocken

∞

R

Rate mal wer beim Essen kommt

∞

Räuber Fotzenglotz

∞

Rachenfick leichtgemacht

∞

Reinstecke Fuchs

∞

Rex Dildo – Arschalarm auf der Akropolis

∞

Robin Cock – König der Stecher

∞

RoboCock

∞

Roundhouse Fick – Chuck im Rausch der Leidenschaft

∞

S

Sauerei auf der Bounty

∞

Schamlos in Seattle

∞

Scheidi und der Einöli

∞

Scheiß am Stil

∞

Schneeflittchen und die sieben Geilen

∞

Schleim ab, du behaarte Monsterfotze

∞

Schwanz der Vampire

∞

Schwänzel und Gretel

∞

Schwänze & Partner

∞

Schweinchen Fick

∞

SEX AGE 2 -jetzt wird gespritzt

∞

Sexcalibur

∞

Sexy Island – Der Kampf ums nackte Überleben

∞

Sexy Pirates – Hier wird nicht nur in See gestochen

∞

Shaving Private Ryan

∞

Shaving Ryan's Privates

∞

Sieben Tage, sieben Möpse

∞

Sklave Pupsmuckel und der geile Meister Leder

∞

Spermarella und die sieben
Bukkakezwerge

∞

Spermboat Willie

∞

Sponge Bob Arschkopf

∞

Spiel mir am Glied mit Kot

∞

Spiel mir das Lied vom Glied

∞

Stadt der Engen

∞

Stanley Kuhficks – Cockwork Orange

∞

Starfick – Popisode 1:"Das Impedium fickt zurück"

∞

Steven Strings – Shiting

∞

Stoß langsam I- III

∞

Sündbart der Seepfarrer

∞

Swingapur

∞

T

Texas Chainfuck Massacre

∞

Tatsächlich … Lesben

∞

The Ass-Team

∞

The Gay after Tomorrow

∞

The Gays's After

∞

The Masturbator

∞

The Oklahoma bumser

∞

The Porn Identity

∞

The Sperminator

∞

The Texas Dildo Massacre

∞

The Truman Po

∞

Tittanic

∞

Tokiobordel

∞

Totgefickt am 4. Juli

∞

U

Und täglich schmerzt mein Rüssel mir

∞

Uranus is huge

∞

V

V for Vagina

∞

Voll In' Arsch 1 bis 6

∞

W

Wixblumenstrauß

∞

Wunderbare Welt des Schwellsaft

∞

Wicki und die starken Schwängel

∞

Wichs- Men

∞

Wir spritzen im Süden

∞

X

xXx

∞

XXX-Men

∞

XXX-Men 2

∞

XXX-Men -Der letzte stand wieder

∞

XXX-Men Ejakulation

∞

Y

Yellow Sexmachine

∞

Z

Zucht der Karibik: Hairy Man's Chest

∞

Zum Löten freigegeben

∞

2001 Orgien im Weltraum

∞

3 Schwengel für Charlie

∞

ENDE

Herstellung und Verlag:
BoD - Books on Demand, Norderstedt
ISBN 978-3-7448-8612-3